Martin Fröhlich

Funktion und Wirkung satzbezogener rhetorischer Mittel

GRIN Verlag

Bibliografische Information der Deutschen Nationalbibliothek:

Die Deutsche Bibliothek verzeichnet diese Publikation in der Deutschen National-
bibliografie; detaillierte bibliografische Daten sind im Internet über http://dnb.d-
nb.de/ abrufbar.

Impressum:

Copyright © 2008 GRIN Verlag GmbH
Druck und Bindung: Books on Demand GmbH, Norderstedt Germany
ISBN: 978-3-640-42503-7

Dieses Buch bei GRIN:

http://www.grin.com/de/e-book/134983/funktion-und-wirkung-satzbezogener-
rhetorischer-mittel

Funktion und Wirkung satzbezogener rhetorischer Mittel

Schriftliche Ausarbeitung des Referats zu Funktion und Wirkung satzbezogener rhetorischer Mittel im Hauptseminar „Die Sprache der Werbung" im Wintersemester 07/08

Fakultät I, Technische Universität zu Berlin

Inhaltverzeichnis

1. Zu Werbung allgemein

Das Substantiv Werbung leitet sich vom althochdeutschen Verb ´werban´ und vor dessen mittelhochdeutscher Entsprechung ´werben´ ab. Semantisch betrachtet, bedeutete das Wort ´sich drehen´ oder ´sich um etwas bemühen´, was mit der heutigen Bedeutung von Werbung konform geht (Fährmann 2006; S.19). Bereits diesem mittelalterlichen Sinnverständnis von Werbung liegt eine Pragmatik in Form eines Kommunikationsmodells mit einem Sender, einem Empfänger und einem Sachverhalt zugrunde. Heutzutage wo Werbung vor allem ein wirtschaftliches Phänomen beschreibt, wird aus dem Sender der Produktproduzent, aus dem Empfänger der Konsument und aus dem Sachverhalt das Produkt oder die Person. Auf diese drei Grundpfeiler des wirtschaftlich betrachteten Kommunikationsmodells wirken verschiedene Variablen wie Medien, Werbeform, Werbemedium, Werbeintention, Konkurrenz ein (vgl.: Janich 1999; S.30), die entweder förderlich auf eine erfolgreiche Kommunikation einwirken oder Störungen innerhalb des Kommunikationskreislaufs verursachen können und sich somit negativ auf das Gelingen der erwünschten Kommunikation auswirken. Werbung als kommunikative Handlung kann somit nach den Regeln der Pragmatik analysiert werden. So kann man eine Werbeanzeige generell als illokutionären Akt in einem Sprechakt verstehen, die dabei nicht direkt auf den perlokutionären Akt einwirken kann. Es wird deutlich, dass man „sowohl für eine Sache als auch um oder für eine Person werben kann" (Janich 1999; S.16). Ganz gleich ob Werbung dabei für politische, wirtschaftliche, religiöse oder kulturelle Zwecke eingesetzt wird (vgl. Janich 1999; S.17), hat Werbung immer eine persuasive Funktion inne. Das bedeutet, dass Menschen „durch Werbung (…) dazu bewegt werden sollen, etwas Bestimmtes zu tun" (Janich 1999; S.16). Werbung verliert somit den Anspruch eines sich spontan entwickelnden kommunikativen Aktes und ist nunmehr ein konstruierter Monolog, der auf eine Reaktion im Gegenüber abzielt, die vorher bereits für einen der Kommunikationsteilnehmer feststand und daraufhin berechnet wurde.

Werbung stellt sich in diesem Prozess den Fragen „wie (…) die Rezipienten angesprochen [werden sollen und] wie (…) man bei einem Adressaten das gewünschte Verhalten [erreichen kann]" (Janich 1999; S.16). Es wird deutlich, dass Werbung hierbei lediglich Mittel zum Zweck ist, also „der Versuch einer Beeinflussung, nicht schon Beeinflussung selbst" (Janich 1999; S.16). Werbung geht dabei nach dem AIDA-

3

Prinzip vor. Die Teilbereiche Attention, Interest, Desire und Action werden dabei abgehandelt, was also heißt, dass „Werbung (…) Aufmerksamkeit erregen [soll], um dann Interesse zu wecken, das zu Wünschen führt, die eine Kaufhandlung auslösen" (Janich 1999; S.20). Natürlich muss sich Werbung, um mit diesem Prinzip erfolgreich zu sein, auf viele externe Faktoren einstellen, Vorüberlegungen treffen und dafür unterschiedliche Strategien einsetzen. Handelt es sich etwa um ein neues Produkt, welches den Konsumenten vorgestellt werden soll oder um ein Produkt, welches bereits eingeführt wurde und weiterhin beworben wird, um den Absatz zu erhalten oder zu fördern (vgl.: Janich 1999; S.19) oder um eine dritte Variante?

Die Werbeplanung sollte auch die Fragen nach den Marktbedingungen, Gegebenheiten im werbenden Unternehmen, Produkteigenschaften, Zielgruppe, der Form des Werbeinhalts und des Werbeträgers – Zeitungen, Zeitschriften, Rundfunk- und Fernsehanstalten, Internet, usw. – und dem Zeitpunkt und Zeitraum zu und in dem eine Werbung *geschaltet* wird, beantworten (vgl.: Janich 1999; S.21). Übergreifendes Werbeziel ist auf jeden Fall das der Imagebildung, was sich sowohl auf Produkte wie auf Unternehmen beziehen kann und der Erhaltung oder Stabilisierung dieses Images dient (vgl.: Janich 1999; S.19). Beim Entstehungsprozess von Werbung werden sowohl psychologische wie auch linguistische Elemente beachtet. So wird versucht – nach gedächtnispsychologischen Erkenntnissen – den Konsumenten über verschiedene Sinneskanäle anzusprechen. Werden verschiedene Sinneskanäle miteinander gekoppelt, so steigt die Wahrscheinlichkeit, dass Produktinformation sowie Herstellerinformation im Gedächtnis des Konsumenten nachhaltiger gespeichert werden. Bild-Text-Beziehungen spielen dabei eine ebenso wichtige Rolle, wie der Einsatz von Werbesprache. Werbesprache ist ein facettenreiches Konstrukt, das sehr von den Postulaten der Rhetorik bestimmt wird. So bedient sich die Werbesprache unter anderem unterschiedlicher Sprachfärbungen, Dialekte, Fachsprachen oder Jugendsprache, um geeignete Zielgruppen anzusprechen oder setzt gezielt rhetorische Stilfiguren und Tropen ein, um Assoziationen hervorzurufen (vgl.: Janich 1999; S.33). Trotzdem sich Werbesprache natürlich ihre Anreize aus der Alltagssprache holt, wirkt sie zumeist laut Janich „artifiziell und besitzt keine Sprechwirklichkeit, sondern ist auf eine ganz bestimmte Wirkung hin gestaltet" (Janich 1999; S.34). Dennoch können bestimmte Phraseologismen aus der Werbesprache in die Alltagssprache übernommen werden und so einen minimalen Anteil an Sprechwirklichkeit zurückgewinnen. Janich beschreibt diesen Vorgang mit den Worten: „Werbesprache greift Tendenzen der Alltagssprache auf, beeinflusst diese aber umgekehrt, indem sie neuen Wortschatz und Redewendungen liefert" (Janich 1999; S.34). Werbesprache ist zudem „ein funktionaler Stiltyp, der geprägt ist durch die persuasive Intention des Überredens [und dessen] Hauptmerkmal (...) die Indirektheit der sprachlichen Strategien [ist]. (...) Kennzeichnend sind der adressatenspezifische Sprachgebrauch, ein komplexer Handlungsaufbau, dessen dominante Absicht unausgesprochen bleibt, und der artifizielle, auf Konnotationen und Assoziationen abzielende Einsatz von Wortschatz und Grammatik" (Bußmann 2002; S.746). Eine Werbeanzeige besitzt folglich neben dem verbalen Textteil, der sich aus Schlagzeile, Fließtext, Slogan und dem schriftlich gestalteten Logo zusammensetzt auch einen bildlichen Textteil, also grafischen und typografischen Bestandteilen. Zusammen fügen sie der Werbeanzeige eine diskursive und eine narrative Ebene bei, geben ihm also eine Oberflächenstruktur, die die konkreten, manifestierten Elemente des Textes umfasst und eine Tiefenstruktur, die die Inhaltsseite des Textes bildet. Beide Ebenen setzen sich gegenseitig voraus und bilden durch diese Gesamtheit den Text als eine kommunikative Einheit (vgl.: Greimas 1971)

Werbung ist also ein Konstrukt, das Sprache und Bild nach bestimmten Kriterien aufeinander abstimmt, um damit dem Produzenten den größtmöglichen Erfolg auf dem Absatzmarkt zu ermöglichen. Werbung hängt deshalb direkt mit dem globalen Wissen einer Gesellschaft zusammen. Dass Werbung und explizit Werbesprache diachron betrachtet, deshalb immer anderen Prinzipien gefolgt ist und sich anderer rhetorischer Mittel bedient hat, dürfte nicht nur nicht verwundern, sondern evident sein. Während Werbung Anfang bis Mitte des 20. Jahrhunderts noch propagandistisch eingesetzt wurde und weniger stilistische Mittel zum Einsatz kamen als heutzutage, sondern eher Produktnutzen mithilfe von Produktmerkmalen beschrieben wurde, wird die Werbung von heute eher subtiler gestaltet. Werbung wird zu einem Erlebnis, ist also nicht einfach nur noch das Anpreisen eines Produktes, sondern viel subtiler und viel mehr auf die Bedürfnisse einer Mediengesellschaft, in der die Schaulust und Individualisierung dominiert, angepasst.

2. Funktion und Wirkung satzbezogener rhetorischer Mittel im Werbeslogan

Wie in Punkt eins bereits erwähnt, besitzt Werbung eine Wirkung und eine Funktion. Die Funktion der Werbung besteht unteranderem darin, ein Produkt erfolgreich zu vermarkten und dem Produktproduzenten dabei ein positives Image zu verschaffen und zu erhalten. Die Nachhaltigkeit, Verständlichkeit und Ästhetik sind dabei wichtige Faktoren, die bereits in den Bereich der Wirkung hineinreichen. Es ist dennoch schwierig, der Werbung eine einzige Funktion zuzuweisen, denn Persuasion, Provokation, Aufmerksamkeit, usw., sind nur einige von vielen Funktionen, die Werbung innehat und die schwer in einer Überkategorie zusammenfassbar sind. Die Wirkung der Werbung hingegen kann als der assoziative Prozess beim Konsumenten verstanden werden. Assoziativ in Hinsicht auf ein Wie und ein Was, nämlich wie die Werbung ihn anspricht. Was lösen das Bild und der Text im Rezipienten aus? Was sind die resultierenden Konnotationen und was Denotationen?

Auch der Slogan – mit dem sich auf den folgenden Seiten auseinandergesetzt werden soll – hat innerhalb der Anzeigenwerbung seinen Stellenwert und seine Funktion. Das Wort Slogan kommt etymologisch betrachtet aus dem Schottischen, wo es Schlachtruf bedeutet (vgl.: Bußmann 2002; S.605). Es ist eine „knapp und einprägsam formulierte, wertende Aussage mit persuasiver Funktion, häufig als elliptischer Satz und mit rhetorischen Figuren ausgestaltet (…). In der Handlungsstruktur der Werbeanzeige hat der Slogan die Funktion, das Image des Produkts zu formen und damit seine Wiedererkennung zu erleichtern" (Bußmann 2002; S.605). Dies kann er laut Janich nur, „weil er wiederholt wird und sich daher in allen Anzeigen zu einem Produkt bzw. einer Marke bzw. einem Unternehmen findet" (Janich 1999; S.45). Das bedeutet aber auch, dass der Slogan neben dem Logo, die am schwersten veränderbare Variable innerhalb der Werbeanzeige darstellt, er hat also eine relativ betrachtet lange Lebensdauer und somit einen hohen Wiedererkennungswert (vgl.: Janich 1999; S.46). Deswegen tritt der Slogan häufig mit dem Firmenlogo gekoppelt auf, sodass er nach seiner Etablierung direkt mit dem Logo assoziiert wird auch wenn er selbst nicht auftritt. So fungiert der Slogan als Abbinder, fasst also per definitionem „abschließend in kurzer und prägnanter Form explizit die Werbeanzeige zusammen" (Janich 1999; S.45). Dennoch bleibt der Slogan eher allgemeingültig für alle Anzeigen eines Herstellers zu betrachten, denn er kann nicht „den konkreten Inhalt einer einzelnen Anzeige zusammenfassen" und zur gleichen Zeit „anzeigen- und medienübergreifend" agieren (Janich 1999; S.45). Der Slogan thematisiert hingegen das Produkt, das werbende Unternehmen oder den Konsumenten (vgl.: Janich 1999; S.47). Durch die zusammenfassende Funktion des Slogans wird jedoch erklärt, warum der Slogan in den meisten Fällen bei Printmedien im unteren Drittel der Werbeanzeige zu finden ist – der Blick eines Betrachters auf eine Printanzeige erfolgt laut der Kognitiven Psychologie von oben links nach unten rechts – und in Anzeigen im Fernsehen entweder zuletzt eingeblendet oder von einem Sprecher verbalisiert wird. Auffallend ist hingegen die Tendenz, dass bei Anzeigenwerbung im Internet in vielen Fällen auf den Slogan verzichtet und nur das Logo zu finden ist. Da der Slogan ebenso wie der Rest der Werbeanzeige darauf ausgerichtet ist, einen Kunden vom Kauf des Produktes zu überzeugen, also eine persuasive Funktion innehat, ist es nicht verwunderlich, dass er sich verschiedener rhetorischer Mittel bedient. Rhetorische Mittel sind gut geeignet, um den Slogan kurz und prägnant zu halten, ihn einprägsam zu machen und somit das Image des Produktes zu steigern. Durch den Einsatz von rhetorischen Mitteln erhält der Slogan oft eine spielerische Note. Es entstehen dabei Sprach- und Wortspiele, die beide eine Abweichung von der sprachlichen Norm mit sich bringen und somit geeignet sind, um Aufmerksamkeit oder Sympathie zu erzeugen (vgl.: Janich 1999; S.140ff.). Dabei gibt es verschiedene Verfahren. Phonetische Verfahren wie Homophonie (Gleichklang) und Homoiophonie (ähnlicher Klang), Lautvertauschung, Lauthinzufügung, Lautersetzung und Lautverschriftungen. Morphologische Verfahren wie Spiel mit Komaration, ungrammatischen Wortformen, durch Wortbildung, Wiederholung von Morphemen, Silben, Wörtern oder Homonymen, durch Ersetzung, Vertauschung oder Hinzufügen von Morphemen, Silben oder Wörtern (vgl.: Janich 1999; S.143). Syntaktische Verfahren wie Spiel mit Verben oder das Spiel durch normwidrige Syntax. Phraseologische Verfahren wie Veränderung eines Phraseologismus durch Ersetzen, Hinzufügen oder Weglassen eines Ausdrucks und durch die Kombination von zwei Phraseologismen. Graphische und orthographische Verfahren wie das Spiel mit der Interpunktion (wie zum Beispiel der Punkt, „der nicht nach den grammatischen Regeln gesetzt wird, sondern als Mittel zur Abgrenzung von einzelnen Sinneinheiten und Werbeaussagen dient, um die Verbindlichkeit und Prägnanz der Werbeanzeige zu erhöhen" (Janich 1999; S.175)), das Spiel mit Intarsia – Integration eines Markennamens in ein passendes Appellativ – oder die Verfremdung der Orthographie (vgl. Janich 1999; S.144ff.). Viele dieser Verfahren führen zu einer Mehrdeutigkeit im Slogan. „Normalerweise wird in der Kommunikation durch den Ko- und Kontext festgelegt, welche der möglichen Bedeutungen eines sprachlichen Ausdrucks als aktuelle Bedeutung Geltung hat. Durch Sprachspiele wird diese Eindeutigkeit absichtlich aufgehoben, so dass mehrere verschiedene Bedeutungen aktiviert werden und wie bei einem Vexierbild je nach Blickwinkel mal die eine mal die andere aufscheint" (Janich 1999; S.148).

3. Analyse eines Korpus

Die Korpusanalyse, die im Rahmen dieser Arbeit erfolgt, beschränkt sich auf den Bereich der satzbezogenen rhetorischen Mittel. Es werden 15 Slogans aus den Bereichen Nahrung und Kosmetik auf den Einsatz von rhetorischer Mittel hin untersucht. Die 22 berücksichtigten rhetorischen Mittel, stammen aus der empirischen Studie von Manuela Baumgart (vgl.: Baumgart 1992; S.243 – 294)

Textkorpus:

1. Und Falten lösen sich in Luft auf. (Clinique Anti-Gravity)
2. Die Wahl meines Zahnarztes. Und meine auch. (Colgate Total)
3. Lass mich bei dir einziehen. (Creme 21)
4. Jede Haut ist schön. (Dove)
5. Schön gepflegt – leicht gebräunt. (Dove Sunshine Body Lotion)
6. Mein Moment. Mein Parfum. (Gerry Weber)
7. Zuhause ist, wo man Cremissimo isst. (Langnese Cremissimo)
8. Jeder will sie haben. (M&M's)
9. Das sollten wir öfter machen. (Maggi)
10. Schmeckt gut – tut gut – ist gut! (Maggi Feel Good)
11. Hast du´s drauf? (Nutella)
12. Groß. Dunkel. Stark. (Storck Riesen)
13. Essen Sie noch oder genießen Sie schon? (Seitz)
14. Tic Tac ist meine neue Taktik. (Tic Tac)
15. Für ein gesundes schönes Lächeln fürs Leben. (Blend-a-med)

Auf Platz eins der rhetorischen Mittel auf der Satzebene, liegt wie bei Baumgart auch die Allgemeine Behauptung (vgl.: Baumgart 1992; S.243). Sie ist in allen in dieser Arbeit untersuchten Slogans nachzuweisen, weshalb der Aussage, die Allgemeine Behauptung sei sloganimmanent von Baumgart zugestimmt werden kann (vgl.:

Baumgart 1992; S.243). An den 15 untersuchten Slogans können explizit die Merkmale der Allgemeinen Behauptung nachgewiesen werden. So reizt keiner der 15 Slogans zum Widerspruch, weshalb jeder unmittelbar vom Rezipienten adaptiert werden kann. Wie auch bei Baumgart besteht in dem Großteil der 15 Slogans kein direkter Zusammenhang von Behauptung und Produkt (vgl.: Baumgart 1992; S.243). Ausnahme bilden lediglich die Slogans „Zuhause ist, wo man Cremissimo isst." und „Tic Tac ist meine Taktik.", in denen der Produktname Bestandteil des Slogans ist. In den anderen Slogans entsteht jedoch eine Leerstelle, die der Rezipient selber ausfüllen muss, indem er die fehlende Verknüpfung von Marken- oder Produktname und Slogan selbst leistet. Da der aktive Eigenanteil an der Rezeption der Werbung somit steigt, der Rezipient am Slogan sozusagen mitarbeitet, wird der Slogan aus wahrnehmungspsychologischer Sicht besser memoriert und kann schneller wieder hergeleitet werden. Der Slogan ruft dann die Erinnerung an den Marken- und Produktnamen hervor und der Marken- oder Produktname die Erinnerung an den Slogan. Diese Verknüpfung, die vom Rezipienten ausgeht, wird laut Baumgart „als eigenes Werturteil über die Ware adaptiert, weil durch das selbstständige Verknüpfung von Warennamen und Slogan der Vorgang der individuellsubjektiven Meinungsfindung suggeriert wird" (Baumgart 1992; S.244). In der Rangliste auf Platz zwei folgt der Anruf, der in den Slogans Nummer 2,3,6,9,11,13,14 auftritt. Der Anruf wird laut Baumgart durch ´die Personalpronomen ´du´ oder ´Sie´ repräsentiert (vgl.: Baumgart 1992; S.273). Die Wirkungsweise des Einsatzes eines Personalpronomens kann sowohl positiv als auch negativ besetzt sein, da durch diese eine Intimität erschaffen wird, die den Rezipienten entweder befremden oder schmeicheln kann. Der Leser kann sich so individuell angesprochen fühlen und sich als Individuum verstanden sehen oder aber gerade dadurch unangenehm berührt und in seiner Privatssphäre verletzt sehen.

  3. Lass mich bei dir einziehen.   (Creme 21)
  9. Das sollten wir öfter machen.   (Maggi)
  11. Hast du´s drauf?   (Nutella)
  13. Essen Sie noch oder genießen Sie schon?   (Seitz)

Deswegen kann man bei drei von sieben Slogans, die sich des Anrufs bedienen, einen Austausch von Personalpronomen durch das diskretere Possessivpronomen feststellen.

  2. Die Wahl meines Zahnarztes. Und meine auch.   (Colgate Total)
  6. Mein Moment. Mein Parfum.   (Gerry Weber)

14. Tic Tac ist meine neue Taktik. (Tic Tac)

Der Anruf wird hier zu einer Bezeugung, der Baumgart nachsagt, dass sie „als Slogan zu reduziert" (Baumgart 1992; S.284) wäre. Bezeugungen wirken jedoch ähnlich wie Anrufe. Bei beiden rhetorischen Mitteln, kann der Rezipient sich mit der Aussage identifizieren. Der Unterschied besteht eher darin, dass die Bezeugungen wie ein Qualitätsurteil fungieren, das direkt vom Rezipienten adaptiert werden kann, sodass eine Identifizierung mit der werblichen Aussage und mit dem Produkt provoziert wird (vgl.: Baumgart 1992; S.285). Die Meinung des anderen wird also zur eigenen, während man beim Anruf eher einer anderen Meinung nachgibt und diese umsetzt, aber nicht als eigene übernimmt.

Ähnlich wie der Anruf kann auch der Befehl sehr leicht negativ aufgefasst werden. Hierbei fühlt sich der Rezipient jedoch nicht nur direkt angesprochen und dadurch in seiner Entscheidungsfähigkeit in Frage gestellt, sondern geradezu genötigt das anzunehmen, was befohlen wird. Um dieses Empfinden abzuschwächen, wird der Befehl als Empfehlung und Ratschlag getarnt (vgl.: Baumgart 1992; S.281).

3. Lass mich bei dir einziehen. (Creme 21)
9. Das sollten wir öfter machen. (Maggi)

Dennoch wird laut Baumgart der Befehlston bewusst wahrgenommen und deshalb direkt abgelehnt (vgl.: Baumgart 1992; S.281).

In Slogan Nummer drei findet sich neben dem Befehl auch das rhetorische Mittel des Wortspiels, der sogenannten Ambiguität. Dieses bietet multivalente Assoziations-möglichkeiten und kann in den Slogans auf dreierlei Weise hervorgerufen werden: Omission, also der Auslassung semantisch relevanter Teile des Satzes, Asyndetisches Nebeneinanderstellen der Sloganteile und der Verwendung mehrdeutiger Semanteme (vgl.: Baumgart 1992; S.248ff.).

3. Lass mich bei dir einziehen. (Creme 21)
5. Schön gepflegt – leicht gebräunt. (Dove Sunshine Body Lotion)
11. Hast du´s drauf? (Nutella)
15. Für ein gesundes schönes Lächeln fürs Leben. (Blend-a-med)

Alle vier Slogans verwenden mehrdeutige Semanteme. So beschreibt das Semantem ´einziehen´ in Slogan Nummer drei sowohl den Prozess der Feuchtigkeitsabsorption wie auch den des Einzugs in die Wohnung, genauer das Badezimmer des Käufers. In Slogan Nummer fünf sind die Worte ´schön´ und ´leicht´ ebenso zweideutig. So kann man ´schön gepflegt´ entweder so verstehen, dass die Haut, die vorher schlaff und matt aussah, nun durch die Benutzung der Creme „schön gepflegt" wurde oder dass die Haut durch die Nutzung der Creme generell schön gepflegt aussieht. Für die Phrase ´leicht gebräunt´ gilt dasselbe Prinzip. Entweder erhält man durch die Nutzung der Creme einen leicht gebräunten Hauttyp oder aber die Creme bräunt nur leicht. Gleiches gilt für Slogan Nummer elf. Das Semantem ´drauf´ im Sinne von draufhaben beschreibt zum einen den Brotaufstrichs und zum anderen im Sinne der Sentenz ob man als Mensch erfolgreich ist. Auch für Slogan Nummer 15 kann man die Ambiguität feststellen. So kann man die Phrase ´für´s Leben´ entweder so verstehen, dass die Zahnpasta für ein lebenslanges schönes Lächeln sorgt oder dass es dem Leben generell gilt. Wortspiele schaffen laut Baumgart den Effekt eines Schmunzelns beim Rezipienten und somit eine wohlwollende Einstellung der Ware gegenüber. Desweiteren wird der Slogan elastischer und wirkt nicht abweisend nach dem Motto So-und-nicht-anders (vgl.: Baumgart 1992; S.148ff.).

Slogan Nummer fünf weist zudem das rhetorische Mittel des Asyndetons auf. Das Asyndeton erfordert mehrgliedrige Slogans, deren Satz-oder Wortteile ohne Konjunktion aneinanderreiht sind. Diese fehlenden Konjunktionen im Satzgefüge ermöglichen eine Konzentration der Sloganaussage, da jeglicher Ballast vermieden wird, sodass sich die Botschaft auf wesentliche Elemente beschränken kann (vgl.: Baumgart 1992; S.282).

> 5. Schön gepflegt – leicht gebräunt. (Dove Sunshine Body Lotion)
> 6. Mein Moment. Mein Parfum. (Gerry Weber)
> 10. Schmeckt gut – tut gut – ist gut! (Maggi Feel Good)
> 12. Groß. Dunkel. Stark. (Storck Riesen)

Die fehlende Konjunktion wird in den Slogans Nummer fünf und zehn durch einen Gedankenstrich ersetzt, in den Slogans Nummer sechs und 12 durch einen Punkt. Die jeweiligen Sloganteile erhalten so mehr Prägnanz und eine scheinbare Signifikanz. Das Erscheinungsbild des Slogans ändert sich und wird auffälliger, durch die veränderte Schreibweise. In den Slogans sechs und 12 werden durch das Ersetzen der Konjunktion durch einen Punkt alle Wörter großgeschrieben. Großgeschriebene Wörter haben eine Signalfunktion und werden leichter wahrgenommen. In den Slogans mit Gedankenstrich sorgt der Gedankenstrich für ein befremdliches Erscheinungsbild und erregt somit Aufmerksamkeit.

Ähnliches gilt für die Sentenz, die in immerhin vier von 15 Slogans zu finden ist. Die Sentenz beschreibt gewollte Anklänge an Sprichwörter, Redensarten, feststehende Wendungen oder andere Werbeslogans (vgl.: Baumgart 1992; S.253).

> 1. Und Falten lösen sich in Luft auf.   (Clinique Anti-Gravity)
> 7. Zuhause ist, wo man Cremissimo isst.   (Langnese Cremissimo)
> 11. Hast du´s drauf?   (Nutella)
> 13. Essen Sie noch oder genießen Sie schon?   (Seitz)

So ist Slogan Nummer 13 zum Beispiel eine Anlehnung an den Slogan der Firma Ikea „Wohnst du noch oder lebst du schon." aus dem Jahr 2002 (http://www.slogans.de/slogans.php?   select%5B%5D=621 [Stand 29.03.2008]). Der Slogan wirkt somit wie ein alter Bekannter, der vertraut und was wichtiger ist etabliert wirkt. Die Eigenschaften, die man der Firma Ikea zuschreibt, werden so indirekt auf das Produkt und die Firma übertragen, die sich dieser Anlehnung bedient. Zudem wird die Einprägsamkeit des Slogans gesteigert. Das kann soweit gehen, dass der Slogan Einzug in die Sprache des Konsumenten hält (vgl.: Baumgart 1992; S.254ff.). Die Slogans eins, sieben und elf lehnen sich an die bekannten Redensarten „sich in Luft auflösen", „Zuhause ist, wo das Herz ist." und „Etwas als Mensch draufhaben" an und erreichen damit eine ähnliche Wirkung. Slogan Nummer sieben weißt zudem mit Slogan Nummer 14 das rhetorische Mittel der Verdeutlichung auf. Verdeutlichungen sind meist sehr eng verbunden mit Zweierfiguren (vgl.: Baumgart 1992; S.261), die jedoch nur - und das auch lediglich in abgewandelter Form - in Slogan Nummer 14 zu finden ist.

Zweierfiguren zeichnen sich dadurch aus, dass der Marken- oder Produktname am Anfang oder Ende des Slogans steht und von der werblichen Phrase durch ein Satzzeichen getrennt wird (vgl.: Baumgart 1992; S.258ff.). Diese Abgrenzung durch ein Satzzeichen fehlt jedoch in Slogan Nummer 14, was diesen Slogan nicht zu einem Prototypen für das rhetorische Mittel der Zweierfigur werden lässt. Dennoch kann man deutlich die Aufteilung von Produktname, in der linken Satzklammer und werblicher Phrase in der rechten Satzklammer, erkennen.

> 14. Tic Tac ist meine neue Taktik.   (Tic Tac)

Es ist fraglich. ob trotz des fehlenden Satzzeichens eine ähnliche Wirkung erzielt wird, wie sie Baumgart der Zweierfigur zuschreibt. Laut Baumgart wird „die werbliche Phrase (…) dem Marken- oder Produktnamen gleichgestellt. (…) Der Name wird somit zum Träger der werblichen Botschaft, zur Summe der Aussage, die assoziativ präsent ist, wenn er genannt wird" (Baumgart 1992; S.259). Auch die Verdeutlichung tritt in Slogan Nummer 14 nicht prototypisch auf. Die Ware in diesem Fall 'Tic Tac' ist eine 'neue Taktik', wofür bleibt jedoch offen. Hier wird also eine Leerstelle geöffnet, die der Rezipient zu füllen hat. Dennoch wird ein emotionaler Zusatznutzen des Produktes expliziert, nämlich der, das man mit Tic Tac etwas Neues erleben kann. Die tatsächlichen Vorzüge der Ware werden hingegen nicht erwähnt. Eine Wirkungsweise, die man auch bei Slogan Nummer sieben finden kann.

7. Zuhause ist, wo man Cremissimo isst.   (Langnese Cremissimo)

Hier wird der emotionale Zusatznutzen beschrieben, indem auf das semantische Feld der Heimat angespielt wird. Eine tatsächliche Markenbeschreibung bleibt jedoch aus. Slogan Nummer sieben weißt zudem das rhetorische Mittel der Doppelung auf, genau wie Slogan Nummer zwei, sechs und zehn.

2. Die Wahl meines Zahnarztes. Und meine auch.   (Colgate Total)
6. Mein Moment. Mein Parfum.   (Gerry Weber)
7. Zuhause ist, wo man Cremissimo isst.   (Langnese Cremissimo)
10. Schmeckt gut – tut gut – ist gut!   (Maggi Feel Good)

Die Doppelung widerspricht grundsätzlich der intendierten Kürze von Slogans, fördert aber die Einprägsamkeit dessen, was den Ausschlag gibt für die Bevorzugung eines Produktes vor einem anderen. Baumgart sagt weiterhin, dass vor allem die Wörter wiederholt werden, die den Kern der Aussage tragen und die sich einprägen sollen (Baumgart 1992; S.278).

Es ist fraglich, ob dieses Verständnis auf die Slogans zwei, sechs und sieben per se angewendet werden kann, das heißt, ob die Wiederholung eines Possessivpronomens oder des Verbes sein und essen tatsächlich den Kern der Aussage beschreibt. Lediglich Slogan Nummer zehn leitet den Rezipienten zum Verständnis, dass das Produkt 'gut' ist, indem das Wort 'gut' dreimal wiederholt wird.

In diesen vier Slogans findet man auch das rhetorische Mittel des Stabreims wieder. Hier werden die Wörter 'mein'(Slogans zwei und sechs), 'ist' und 'isst' (Slogan sieben) und ʼgutʼ alliteriert und somit hervorgehoben. Der akustische Gleichklang und die Elemente rhythmisierter Sprache machen den Stabreim also besonders einprägsam (vgl.: Baumgart 1992; S.271). Die Slogans zehn, sieben und 14 weisen zudem das rhetorische Mittel der Emphase auf.

       7. Zuhause ist, wo man Cremissimo isst.   (Langnese Cremissimo)
      10. Schmeckt gut – tut gut – ist gut!   (Maggi Feel Good)
      14. Tic Tac ist meine neue Taktik.   (Tic Tac)

Die Funktion der Emphase, die appellative Aufgabe von Slogans zu unterstützen, indem sie sich eines Ausrufezeichens oder einer Inversion bedient, ist auf die Wirkung ausgerichtet die Einprägsamkeit des Slogans aufgrund der außergewöhnlichen Form zu fördern (vgl.: Baumgart 1992; S.276). So findet man die Inversion als Form der Emphase in Slogan sieben und 14 und das Ausrufezeichen in Slogan zehn vor. Slogan Nummer zehn wartet zusammen mit Slogan Nummer 12 mit dem rhetorischen Mittel der Steigerung auf.

      10. Schmeckt gut – tut gut – ist gut!   (Maggi Feel Good)
      12. Groß. Dunkel. Stark.   (Storck Riesen)

„Steigerungen werden oft durch die Dreierfigur erzielt, sodass sie häufig mit dem Asyndeton gekoppelt sind" (Baumgart 1992; S.283). Die stufenweise Steigerung von Ausdrücken oder wie in den Beispielen scheinbaren Produkteigenschaften von weniger wichtigen Eigenschaften zum wichtigsten oder Hauptmerkmal des Produktes erhöht die Gesamtaussage des Slogans. So schmeckt Maggi Fell Good nicht nur ʼgutʼ und ʼtut gutʼ, sondern ʼist gutʼ und Storck Riesen sind nicht nur ʼGroßʼ und ʼDunkelʼ sondern ʼStarkʼ. Somit werden die Eigenschaften des Kaubonbons nicht nur gesteigert sondern auch personifiziert. Das Produkt erhält durch das Wort ʼStarkʼ eine menschliche Eigenschaft. Die Wirkung, die durch die Personifizierung erzielt werden soll, ist im höchsten Grade persuasiv. Die Eigenschaften sollen dem Rezipienten schmeicheln und ihm das Gefühl geben, durch den Besitz des Produktes auch die beschriebenen Eigenschaften zu besitzen (vgl.: Baumgart 1992; S.268 f.). Gegensätzlich dazu wirkt die Anheimstellung, wie in Slogan Nummer neun zu sehen ist.

      9. Das sollten wir öfter machen.   (Maggi)

Hier wird durch das Verb ´sollen´ im Konjunktiv eine Möglichkeit eröffnet und Entscheidungsfreiheit gewährt. Baumgart sieht die Anheimstellung jedoch als veraltet an, da „der manipulative Ton der Werbung", welcher durch die Anheimstellung vermieden werden soll „durch subtile Techniken verändert und die lenkenden Strukturen weitgehend getarnt und verschleiert werden können" (Baumgart 1992; S.292). Ebenso schwierig einsetzbar, ist die rhetorische Figur des Paradoxons, wie in Slogan Nummer eins zu sehen.

1. Und Falten lösen sich in Luft auf.   (Clinique Anti-Gravity)

Durch die Unvereinbarkeit der Phrasenteile –Falten können sich nicht in Luft auflösen – wird zwar „ein gewisses Maß an Spannung erzeugt"(Baumgart 1992; S.288), aber die Gesamtaussage entbehrt jeglicher Realität, wodurch die Glaubwürdigkeit des Slogans in Frage gestellt wird. Ein Problem, dessen Brisanz durch das Vorkommen des Paradoxons in nur einem von 15 untersuchten Slogans bestätigt wird. Als letztes rhetorisches Mittel wird die Rhetorische Frage untersucht. Zwei von 15 Slogans weisen dieses Mittel auf.

11. Hast du´s drauf?   (Nutella)
13. Essen Sie noch oder genießen Sie schon?   (Seitz)

Die Rhetorische Frage bedarf keiner Beantwortung, da sie emblematisch für die künstliche Kommunikationssituation steht. Sie funktioniert durch das Tarnen einer Behauptung, die Zustimmung erheischt und intendiert somit die Wirkung, Aufmerksamkeit zu erregen, den Rezipienten einzubeziehen und eine Kommunikation zu inszenieren. So kann man auch bei den beiden Slogans, die eine rhetorische Frage aufweisen, sehen, dass der Fragende die Antwort kennt und genau diese Antwort des Rezipienten erwartet wird. So ist eine negative Antwort bei dem Nutella-Slogan unwahrscheinlich, da der Rezipient weniger dahin tendiert sich selber in ein schlechtes Licht zu stellen. Gleiches gilt für den Slogan von Seitz. Keiner der angesprochenen Rezipienten wird es sich nehmen lassen, sich selbst als Genießer hinzustellen. Das Bejahende Element seitens des Rezipienten, das bei Werbung so wichtig ist, wird hiermit erfüllt und sorgt für eine Adaption der Werbebotschaft und dem Sympathisieren mit der Ware.

4. Fazit

Die 15 für diese Arbeit ausgewählten Slogans wurden alle in der Zeitspanne von 2003 bis 2007 veröffentlicht, also circa zehn bis 15 Jahre nach den Slogans, die der Analyse Baumgarts zugrunde lagen. Vergleichend ist festzustellen, dass die Allgemeine Behauptung auch nach dieser Zeitspanne noch auf Platz eins der satzbezogenen rhetorischen Mittel rangiert. Der Anruf nimmt in den 15 Slogans den zweiten Platz ein, während er bei Baumgart auf Platz 10 rangiert. Die Sentenz und das Wortspiel, bei Baumgart auf Platz drei und zwei, haben in der Analyse der 15 Slogans dieser Arbeit, ein nahezu gleiches Resultat erzielt. Rhetorische Mittel wie die Anspielung oder Übertreibung, Vergleich oder Negation treten in keinem der 15 Slogans auf, während sie bei Baumgarts Analyse zu den meistgenutzten Mitteln gehören. Natürlich ist das Verhältnis der Quantität der Slogans sehr unausgewogen, weswegen eine klare Aussage bezüglich der Nutzung der rhetorischen Mittel nicht verifizierbar ist. Es kann aber vielleicht gesagt werden, dass sich die Werbung nach dem Jahr 2000 noch immer bevorzugt der rhetorischen Mittel wie Allgemeine Behauptung, Wortspiel und Sentenz bedient, während zu überzogene, anmaßende oder rechtlich nicht realisierbare Stilfiguren an Bedeutung verloren haben, so etwas die Übertreibung, der Vergleich, die Anspielung. Stilfiguren, die zu Baumgarts Analyse schon wenig Einfluss hatten, sind auch heute nicht von großer Bedeutung. Werbesprache setzt also auf vertraute Werte, auf Stilfiguren, die bekannt sind, für ihre persuasive Wirkung ohne dabei den Kunden zu verschrecken. Die Zunahme des Einsatzes des Anrufes jedoch kann erklärt werden, durch die zunehmende Flut an Werbung im Allgemeinen. Werbung muss heutzutage nicht mehr nur einfach persuasive Funktionen innehaben, sondern auf sich aufmerksam machen. Der Anruf scheint dafür besonders geeignet zu sein, da er durch seine Form und seine Wirkungsweise den Kunden von heute nicht verschreckt, sondern ihn direkt anspricht und somit eine Individualisierung seiner Person zugesteht, die in der heutigen Zeit an Wichtigkeit zugenommen hat.

5. Quellenangabe

Baumgart, Manuela: Die Sprache der Anzeigenwerbung; eine linguistische Analyse aktueller Werbeslogans; Physica-Verlag; Heidelberg; 1992

Bußmann, Hadumod: Lexikon der Sprachwissenschaft; Kröner Verlag; Stuttgart; 2002

Fährmann, Rosemarie: Die historische Entwicklung der Werbesprache; eine empirische Untersuchung von Text- und Bildwerbung im Zeitraum vom Ende des 19.Jahrhunderts bis zum Ende des 20.Jahrhunderts; Lang Verlag; Frankfurt a.M.; 2006

Greimas, Algirdas J.: Strukturale Semantik; methologische Untersuchungen; Vieweg Verlag; Braunschweig; 1971

Janich, Nina: Werbesprache; Ein Arbeitsbuch; ‚Narr Studienbücher; Tübingen; 1999

www.slogans.de